Couvertures supérieure et inférieure
manquantes

LA
DETTE GÉNÉRALE

TUNISIENNE

ÉTUDE FINANCIÈRE

MARSEILLE

TYP. ET LITH. BARLATIER-FEISSAT PÈRE ET FILS

RUE VENTURE, 19

1876.

L'étude que nous publions aujourd'hui sous cette nouvelle forme n'avait point été préparée pour recevoir une publicité autre que celle du journal. Elle a été écrite pour éclairer le lecteur sur une situation définie que l'on paraissait avoir oubliée ou, du moins, dont le monde des affaires ne semblait pas tenir un compte suffisant.

L'auteur avait en mains tous les documents relatifs à l'arrangement financier qui a réglé la position du gouvernement de S. A. le Bey de Tunis vis-à-vis de ses créanciers. Il en a présenté un résumé fidèle et, autant que le comporte un article de journal, suffisamment complet.

Son travail a paru digne de quelque attention. Il est même autorisé à croire qu'il a eu le mérite de l'à-propos, puisqu'il a été reproduit en entier ou cité par extraits dans plusieurs journaux financiers. Il n'avait pas songé cependant à reproduire cette étude sous une forme un peu moins éphémère que celle d'une feuille de journal. Il consent à la rééditer puisque on lui en a adressé la demande et il livre au public ces pages telles qu'elles ont été publiées pour la première fois, sans changements ni additions d'aucune sorte.

Il pourrait assurément ajouter un grand nombre de citations à l'appui de ses dires, citations empruntées aux actes officiels. Mais à quoi cela servirait-il? L'accueil fait à ses observations par le public et par la presse lui a montré qu'on appréciait l'exactitude et la sûreté de ses informations. Il a établi ce qui était vrai; cela suffit.

10 Décembre 1876.

LA
DETTE GÉNÉRALE

TUNISIENNE

---

22 Novembre 1876.

I.

Le discrédit complet qui a atteint toutes les valeurs turques et égyptiennes, les difficultés et les
lenteurs que les créanciers de l'Egypte ont rencon-
trées pour conclure avec le vice-roi un arrangement
sérieux, ont réagi sur les obligations tunisiennes qui
ont subi aussi une baisse considérable.

Il nous a paru utile de rechercher et de mettre
sous les yeux du public les causes de cette déprécia-
tion, d'exposer les raisons pour lesquelles, à notre
avis, elle est injuste et irréfléchie et d'établir la différence absolue qui existe entre les fonds tunisiens et
tous les autres fonds d'Etat.

Bien des journaux ont parlé, dans ces derniers
temps, des fonds tunisiens, rapportant les bruits
favorables ou alarmants que la spéculation ou l'igno-
rance répandaient tour à tour. Mais aucun, que nous
sachions, n'a cherché à vérifier l'exactitude de ses

informations, aucun ne s'est livré à l'étude de la situation exacte des créanciers de la Tunisie.

Aussi les bruits les plus invraisemblables, les calomnies les plus odieuses, les inventions les plus grotesques ont-ils pu se faire jour, facilitant le rôle des baissiers et jetant le trouble et le doute dans l'esprit des porteurs d'obligations tunisiennes.

Le moment était bien choisi pour amener une forte dépression du cours de ces valeurs. Les pertes incalculables que l'impuissance et la mauvaise foi des gouvernements turc et égyptien ont infligées à la masse des capitalistes, étaient faites pour rendre le public crédule. La Tunisie est, au reste, le troisième des Etats mahométans dont la dette est cotée aux Bourses de nos pays occidentaux. Ses obligations devaient donc être confondues avec les autres *valeurs à turban*, objet du discrédit général.

Comme il arrive souvent, l'origine de la baisse est venue de la situation d'un spéculateur qui, ayant opéré des achats disproportionnés avec ses ressources, avait forcé la hausse un moment, sans avoir les moyens de la maintenir, et s'est trouvé visé nécessairement par les baissiers.

Le ministre qui préside depuis quelques années aux destinées de la Tunisie, et les chefs des principales maisons de Tunis comprirent le danger d'une telle situation et firent de généreux et patriotiques efforts pour amortir les effets de la chute qu'ils prévoyaient déjà et qui était inévitable. Les obligations n'en tombèrent pas moins de 280 à 240 et plus bas.

Les exportations ayant depuis un an sensiblement diminué par suite des bas prix en Europe des huiles et des céréales, productions principales de la Tunisie, une crise monétaire vint tendre encore la situation.

Les baissiers en profitèrent pour exporter sur une grande échelle le numéraire, faire élever démesurément le taux de l'escompte et le change sur l'Europe et mettre, par suite, leurs adversaires dans l'impossibilité de soutenir les cours. Il fallut, au contraire, jeter sur les marchés d'Europe une grosse quantité d'obligations pour faire face à ses engagements, et la baisse s'accentua.

Enfin, la situation de la Turquie et de l'Egypte fournit toutes sortes de moyens pour compléter l'œuvre. On exploita les envois de subsides à Constantinople, l'équipement et l'expédition de régiments entiers au secours du sultan, le changement du ministère, les exécutions de haussiers par des établissements de crédit de Paris et de Marseille, qui auraient fait des avances considérables sur dépôt d'obligations, etc., etc., enfin, tout l'attirail de nouvelles à sensation, si faciles à répandre dans un public devenu, et pour cause, très-impressionnable.

Aujourd'hui, la baisse paraît avoir dit son dernier mot. Tous les spéculateurs trop chargés se sont allégés, les bruits répandus ont été successivement démentis par les événements ou le simple bon sens, le gouvernement a pris de sages mesures pour faciliter l'exportation des produits du pays ; il a donné une prime à la sortie des céréales et du bétail et a vendu, en vue de l'exportation, une portion des blés et orges qu'il avait dans ses magasins et qui provenaient de la Dîme.

Aussi, si la paix de l'Europe se consolide, si aucune cause extérieure ne vient encore troubler le mouvement général des affaires, les fonds tunisiens nous paraissent-ils appelés à une reprise sérieuse.

Nous allons en examiner la raison.

La plupart des porteurs d'obligations tunisiennes ont oublié ou toujours ignoré l'arrangement passé le 23 mars 1870, entre le gouvernement tunisien et ses créanciers, et la manière dont cet arrangement a été tenu depuis. Il ne sera pas inutile d'en retracer, devant les yeux de nos lecteurs, les points principaux.

La situation des créanciers de la Tunisie a été réglée par le décret du 5 juillet 1869 et par l'arrangement du 23 mars 1870, qui en a été la conséquence.

En 1869, le Trésor du Bey était dans une situation analogue à celle des Trésors du sultan et du khédive actuellement. Aucun coupon n'était payé depuis deux ans et la dette flottante augmentait chaque jour par suite du discrédit de l'Etat et des conditions usuraires auxquelles il était réduit à emprunter pour ses besoins les plus urgents.

Dans cette situation fâcheuse, il s'adressa aux gouvernements de la France, de l'Angleterre et de l'Italie, qui lui recommandèrent d'instituer une commission financière, en adoptant un décret en vertu duquel les droits souverains du bey seraient admis et reconnus par l'institution d'un comité exécutif, tandis que les intérêts de l'Etat seraient également représentés par un comité de contrôle.

C'est ainsi que fut promulgué le décret du *26 rabi-el-Eouel 1286* (5 juillet 1869) qui fut donc *conseillé par les trois puissances.*

Ce décret instituait un comité exécutif qui reçut les pouvoirs les plus étendus, et un comité de contrôle composé des délégués des créanciers.

Le comité exécutif eut pour mission de constater l'état de la dette et les ressources du gouvernement tunisien, de rechercher les moyens d'établir une répartition équitable des revenus publics, de prendre tous les arrangements relatifs à la dette générale, le gouvernement s'engageant à lui donner l'appui le plus complet pour assurer l'exécution des mesures qu'il prendrait à cet effet.

Il fut chargé de percevoir tous les revenus du royaume, sans exception.

Le gouvernement s'engagea à ne contracter désormais aucun emprunt, ni émettre aucun Tiskéret, sous n'importe quelle forme, sans l'approbation des deux comités. Le comité de contrôle eut le droit de connaître toutes les opérations du comité exécutif, de les vérifier et de les approuver. Cette approbation « fut déclarée nécessaire pour donner un caractère exécutoire aux mesures délibérées par le comité exécutif. »

Le comité exécutif fut composé de M. Villet, inspecteur général des finances, délégué par le gouvernement français, des généraux Khérédine et Mohamed, délégués par son altesse le Bey. De leur côté, les créanciers désignèrent, conformément au décret, deux membres anglais, deux italiens et deux français pour les représenter et former le comité de contrôle. Et la commission financière se trouva constitué par la réunion de ces deux comités.

Elle se mit à l'œuvre et conclut l'arrangement définitif de la dette générale tunisienne du 23 mars 1870. Cet arrangement, acquit force de loi par la ratification de son altesse le Bey. Il fut conclu sous le patronage de l'Angleterre, de la France et de

l'Italie. Des expéditions authentiques en furent dé-
posées dans les archives des consulats généraux des
trois puissances, et l'exécution fut placée sous la
sauvegarde des trois gouvernements jusqu'à extinction complète de la dette (intérêts et capital).

Cet arrangement stipulait que les diverses dettes
seraient fusionnées, unifiés et converties ; que les
obligations nouvelles, d'un type unique, seraient de
500 francs, donnant droit à 25 francs d'intérêt
annuel ; qu'elles jouiraient de tous priviléges d'anté-
riorité sur les dettes que le gouvernement tunisien
pourrait contracter dans l'avenir ; qu'elles ne seraient
jamais soumises à aucune taxe, ni droit de timbres,
pas plus que les coupons d'intérêts; le gouvernement
concédait au profit de tous ses créanciers, un ensemble de revenus, évalués à 6,505,000 fr., dont
le produit serait employé au service, soit des intérêts, soit de l'amortissement par voie de rachat,
soit des frais de perception et d'administration, et ce
jusqu'à extinction complète de la dette.

Un conseil d'administration désigné par la commission financière reçut la mission de diriger et de
surveiller la réalisation des revenus concédés, d'en
centraliser le produit et d'en administrer l'emploi,
sous le contrôle du comité exécutif. Les revenus
concédés par le gouvernement à ses créanciers devaient produire la somme reconnue nécessaire pour
le service de la dette, soit 6 millions 500 mille
francs. Le gouvernement en garantit la réalisation,
mais seulement pour 5 millions pour la première
année ; 5 millions et demi pour la seconde ; 6 millions pour la troisième et enfin 6 millions et demi
à partir de la quatrième et pour toutes les suivantes.

En conséquence, tout déficit devait être comblé au moyen du prélèvement d'une somme égale sur les autres revenus de l'Etat que le comité exécutif était chargé de percevoir.

Il fut stipulé que si les revenus concédés s'élevaient à une somme supérieure à 5 millions et demi, sans toutefois dépasser 8 millions, l'excédant serait employé à l'amortissement de la dette, par la voie du rachat au cours du jour.

Tout excédant au-delà de 8 millions de francs serait partagé entre les créanciers et l'Etat — la part revenant aux premiers servirait encore à l'amortissement — celle attribuée à l'Etat serait employée en travaux d'utilité publique. Le gouvernement du Bey s'engageait enfin envers « les trois puissances amies », à persévérer dans la voie tracée par le décret du 5 juillet, à maintenir les dépenses dans les limites des crédits ouverts par le budget préparé chaque année par le comité exécutif et à employer les ressources disponibles en travaux d'utilité publique.

L'augmentation du tarif des droits de douane servait à former un fonds spécial pour le remboursement sans intérêt et par voie de tirage au sort des coupons arriérés des anciens emprunts.

Ce remboursement une fois terminé, cette source de revenus devra naturellement augmenter la somme affectée chaque année au paiement des coupons et à l'amortissement du capital.

Telles furent les principales clauses et dispositions du décret et de l'arrangement qui fixèrent la situation nouvelle du débiteur vis-à-vis de ses créanciers.

Le mérite de cette organisation si simple et cependant si prévoyante et si complète, au point de vue du contrôle, revient principalement au ministre que la Tunisie eut l'heureuse chance d'avoir à sa tête dans des moments aussi critiques et dont la mission semble avoir été de réparer les désastres amenés par l'imprévoyance et la malhonnêteté de l'administration précédente.

Il serait injuste d'oublier le concours de l'inspecteur des finances désigné par la France ainsi que de tous les membres du comité de contrôle.

Quoiqu'il en soit, tout fut prévu dans cette organisation avec une rare sagacité.

Un fonctionnement de six ans a prouvé l'excellence des mesures prises et, s'il nous est permis de formuler ici un vœu ou de donner un conseil, nous voudrions que les représentants des créanciers de l'Egypte, en train d'élaborer une combinaison dont l'enfantement paraît si laborieux, fussent mieux pénétrés de ce qui se fit alors à Tunis et en fissent la base des arrangements à prendre avec le khédive.

II.

Les engagements pris par le gouvernement tunisien furent-ils tenus? Les dispositions énumérées plus haut furent-elles respectées?

Oui, religieusement et même au-delà.

C'est ce qui nous reste à démontrer.

Le conseil d'administration une fois institué, déploya une grande activité. Il établit un nouveau système d'administration aussi régulier que possible et convenablement organisé au point de vue matériel.

Il dut faire des dépenses indispensables et urgentes; installer les bureaux de l'administration centrale, les bureaux auxiliaires y compris ceux des portes de la ville;

Etablir un service régulier de gardiens pour entraver la contrebande et leur construire des stations-abris, réparer le canal de la marine, construire des halles, des marchés à la Goulette, à Sousse, établir dans tous les ports de la côte des hangars avec bascules pour le chargement des huiles, etc., etc.

Toutes ces dépenses indispensables devaient grever surtout les premières années.

Mais le résultat de ces premières mesures ne se fit pas attendre. Plusieurs des impôts dont la perception était confiée à l'administration ne tardèrent pas à donner des plus-values importantes.

Néanmoins, les rentrées des trois premières années furent très-inférieures aux évaluations données par le gouvernement pour l'ensemble des revenus concédés.

Cette évaluation faite dans le contrat du 23 mars 1870 était de . . . . piastres 10,264,000   »

Les recettes nettes du premier exercice 1870-1871 ne s'élevèrent qu'à. . . . .   »   7,373,384 50

Celles du second 1871-1872. .   »   5,373,507 45

» du trois. 1872-1873. .   »   0,530,505 08

Aussi, ne put-on payer sur le coupon du 1er janvier 1872, que 10 francs et fallut-il laisser impayé le solde de fr. 2.

Enfin, le gouvernement du Bey dut intervenir et verser pendant ces trois exercices des subventions pour une somme totale de piastres 7,321,250, au moyen desquelles les coupons des années 1872 à 1874 furent régulièrement payés.

Et c'est ici le moment de faire remarquer que le gouvernement de S. A. le bey, qui n'avait garanti pour les trois premières années que 5, 5 1/2 et 6 millions de francs pour l'ensemble des revenus concédés, n'eut pas recours à cette clause du contrat pour refuser son concours au conseil d'administration.

Il comprit qu'il était de son intérêt que le paiement des coupons ne souffrît désormais aucun retard. Il fournit les subventions nécessaires, qu'il préleva sur ses autres ressources, sans recourir à l'emprunt, et c'est ce qui nous a permis de dire qu'il tint « et au-delà » ses engagements.

Mais de meilleures récoltes, des années plus heureuses succédèrent à ce début difficile et d'ailleurs prévu.

Les recettes de l'exercice 1873-1874 furent de P. 12.209.067 34 ; celles de 1874-1875, de P. 11.224.095 25, sensiblement supérieures, on le voit, aux évaluations premières.

Aussi les 2 fr. arriérés du coupon de janvier 1872, furent-ils éteints, et outre le paiement régulier et sans subvention cette fois, des coupons courants, le conseil d'administration put, avec les excédants, racheter, conformément aux stipulations du contrat,

2,400 obligations tunisiennes, soit un capital nomi-
nal de 1.200.000 fr.

Ces obligations, rachetées en extinction de la
dette, restent dans les caisses du conseil d'administration et ne doivent pas rentrer dans la circu-
lation.

L'exercice 1875-1876 a été moins heureux, il n'a
produit que P. 8.525.730 10.

L'année a été particulièrement mauvaise ; l'exportation, un des principaux revenus concédés, a été
presque nulle, par suite du bas prix des blés et surtout des huiles.

Le gouvernement, fidèle à ses engagements, est
intervenu encore et a versé dans les caisses de l'administration piast. 2.392.964 pour parfaire le paiement des coupons de janvier et de juillet 1876.

Que conclure de cette expérience de six années ?
Quels sont les résultats indiqués par tous les chiffres
que nous venons d'énumérer et qui, nous le crai-
gnons bien, auront fatigué l'attention et la bien-
veillance de nos lecteurs :

1° Que dans les années de récoltes et d'affaires
normales les revenus concédés sont plus que suffi-
sants pour le paiement du coupon, qu'ils permettent
encore un certain amortissement du capital, indépendamment du remboursement des certificats de
coupons arriérés.

2° Que dans les années qui sont particulièrement
mauvaises, comme la dernière, ces revenus pro-
duisent encore 80 0/0 du montant des coupons, soit
un minimum de 20 fr. par obligation.

3° Que le gouvernement comble avec une régu-
larité parfaite le déficit créé par l'insuffisance des

revenus concédés, qu'il le fait par un prélèvement sur ses ressources normales, sans avoir recours à l'emprunt, et qu'on nous permette cette forme un peu triviale, sans creuser un trou pour en boucher un autre.

D'ailleurs, la reprise des exportations, des pluies abondantes qui ont eu lieu récemment et qui assurent de belles récoltes, font espérer qu'il ne sera pas toujours nécessaire d'avoir recours à lui.

Dans ces conditions, n'avions-nous pas raison d'affirmer, au début, que peu de fonds d'État sont aussi bien garantis que les obligations tunisiennes.

Nous ne saurions trop le répéter :

Les créanciers sont eux-mêmes en possession de leurs gages ; ils encaissent eux-mêmes et directement par leurs mandataires les impôts affectés au paiement de leurs coupons.

Ces impôts, très-suffisants en temps ordinaire, leur assurent au pis-aller, dans les plus mauvaises conditions, 20 francs par obligation, indépendamment des subventions que l'État est engagé à verser pour le complément et qu'il verse ponctuellement.

Les créanciers de la Tunisie, ne sont pas, comme en Turquie ou en Égypte, à la merci d'un décret qui leur retranche non-seulement un quartier, mais tous les quartiers.

La situation actuelle est le résultat d'un arrangement pris à la suite d'une suspension de paiements.

Cet arrangement a été conclu avec une entière bonne foi de part et d'autre.

Le ministre qui l'a conclu, et qui doit y tenir, comme tout homme tient à son œuvre, à son enfant, est toujours à la tête des affaires de son pays, et, après les erreurs et les tromperies du passé, S. A. le bey n'aurait garde de se priver de long-temps de ses services. Voulût-on, du reste, revenir sur les engagements pris, qu'on ne le pourrait pas. Il faudrait un coup de force, une véritable violation du droit des gens, pour déposséder le conseil d'administration de ses prérogatives et lui enlever les impôts dont la perception lui a été concédée.

Si jamais pareille tentative était faite, les trois puissances qui ont accepté le patronage de cet arrangement et sous la sauvegarde desquelles il a été placé, seraient d'accord pour intervenir et auraient peu de chose à faire pour imposer aux deux parties le respect des conventions.

Ce qui a été fait pour la Tunisie est à faire pour la Turquie et l'Egypte, et c'est là la grande différence que nous tenions à faire ressortir entre les dettes de ces trois Etats que l'on confond trop souvent dans un même discrédit.

Nous n'examinerons pas aujourd'hui si le conseil d'administration ne pourrait apporter quelque amélioration dans son mode de perception, quelques économies dans les frais généraux. S'il ne devrait pas peut-être tenir plus de compte des critiques de jour en jour plus vives que suscite son système de népotisme, supprimer les sinécures et faire cesser les abus qui ont pu, avec le temps, se glisser dans l'administration.

Cela nous ferait sortir du cadre que nous nous sommes tracé. Peut-être reviendrons-nous plus tard sur ce sujet.

Mais ce que nous ne saurions dissimuler, c'est l'indignation que nous éprouvons en voyant des gens qui se disent honnêtes, des journaux qui se disent sincères, attaquer l'administration et le ministère actuel avec la dernière violence, propager contre eux les faussetés et les calomnies les plus grossières et faire de l'agitation en faveur de l'ex-premier ministre, Mustapha-Kasnadar.

Comme si le peuple pouvait avoir oublié cette époque néfaste où le désordre, la concussion étaient partout ; où les intérêts du pays étaient foulés aux pieds par la rapacité d'un homme qui fut contraint plus tard de restituer une partie des détournements dont il fut convaincu et qui, trompant la confiance de son souverain, amena son pays jusqu'aux bords de l'abîme.

48

48

www.ingramcontent.com/pod-product-compliance
Ingram Content Group UK Ltd.
Pitfield, Milton Keynes, MK11 3LW, UK
UKHW021044120726
13693UKWH00006B/2414